만인시인선 · 15
봄날도 환한 봄날

이종문 시집
봄날도 환한 봄날

만인사

시인의 말

짧으면서도 긴 여운을 거느리고 있는 시, 가락이 펄, 펄 살아 있어서 술술 읽혀지고 외워지는 시, 시가 진지하다 못해 딱딱하게 굳어져가는 시대에 이왕이면 쉽게 이해되고 저절로 웃음이 나오기도 하는 시, 이게 정말 시야? 라고 생각되면서도 시가 아니라는 증거를 그 어디에서도 찾을 수 없는 시… 이런 시를 찾아서 헤매었던 흔적들을 여기 이렇게 두서없이 한자리에 모아보았다.

무슨 할 말이 더 있겠는가. 혹시라도 인연이 닿게 되거든 그저 웃으면서 읽어주시길!

2005년 5월
迎舞軒에서 이종문 씀

차 례

시인의 말 ——————— 5

1. 소풍
봄날도 환한 봄날 ——————— 13
눈 ——————— 14
열반 ——————— 16
거기 가서 자고 싶소 ——————— 17
소풍 ——————— 18
윤씨농방 안주인 ——————— 19
오디 ——————— 20
섬 ——————— 22
그 바람 ——————— 23
瞬間 ——————— 24
魚隱洞 ——————— 26
불꽃놀이 ——————— 27

2. 무심코
관계 ——————— 31

―――――――――― 차 례

눈 ―――――― 32
오, 여호! ―――――― 33
무심코 ―――――― 34
病因 ―――――― 35
강가에 나가 ―――――― 36
번개 ―――――― 37
바닷물이 넘쳐요 ―――――― 38
四月 ―――――― 39
황소 ―――――― 40
시인 ―――――― 42
화살 ―――――― 43

3. 기차
그런 가을 ―――――― 47
저녁답 ―――――― 48
落花 ―――――― 49
풍경 ―――――― 50
밥 ―――――― 52
고향길 ―――――― 53

차 례

아침 —— 54
봄날 —— 55
저 꿩에게 먹일 주라 —— 56
기차 —— 58
그 옛날 고약 놈이 —— 60
아무…… 말도…… 딸까닥. —— 61

4. 성냥개비

어떡해? —— 65
訓民歌 —— 66
실종 —— 69
축전 —— 70
새 —— 71
떡치기 —— 72
고요 —— 76
祝祭 —— 77
성냥개비 —— 78
어처구니 —— 80
돌이 하나 들어가서 —— 81

차 례

나무 밑에 자다가 깨어 ──────── 82
침이 꼴깍, 넘어감 ──────── 84

5. 수정사 쇠북소리

사람 살리기 ──────── 87
傷處 ──────── 88
수정사 쇠북소리 ──────── 90
실종 ──────── 91
고요 ──────── 92
편지 ──────── 93
오, 저런! ──────── 94
이런 봄날, 수양버들 ──────── 95
죄라도 좀 지어볼까 ──────── 96
황소 ──────── 98
손 ──────── 99
봄날도 환한 봄날 ──────── 100

| 시인의 산문 |
나무와 고기 ──────── 101

1
소풍

봄날도 환한 봄날

봄날도 환한 봄날 자벌레 한 마리가 浩然亭 대청마루를 자질하며 건너간다

우주의 넓이가 문득, 궁금했던 모양이다

눈

신축

공사장의

모닥불에 내리는 눈

그것이 불인 줄을 꿈에도 모른 채로,

무심코 내린다는 게

그만 거기

내리는

눈

신축

공사장의

모닥불에 내리는 눈

그것이 불인 줄을 번연히 알면서도

어, 어, 어, 하는 사이에

피치 못해

내리는

눈

열반

삶은 돼지머리,

삶은 돼지머리

양쪽 콧구멍에 시퍼런 돈을 꽂고 고사상 복판에 앉아 절을 넙죽 받고 있는,

月出山 月燈寺에 이제 막 떠오르는 초승달 같은 눈에 곤추선 속눈썹을 낱낱이 잡아 땡게도 눈도 깜짝하지 않는,

오오 저 拈花示衆의 절묘한 미소를 짓고, 자네, 열반이란 게 무언지 아느냐며,

다시금 으하하하하

웃고 있는

돼지머리

거기 가서 자고 싶소

석 달

열흘 동안

거기 가서 자고 싶소

지게문 닫아걸고 겹겹으로 휘장치고 가랑잎 이불을 덮고 모로 누운 달팽이 옆,

소풍

하늘 아래 첫 동네의 도리탕집 마루에서
암탉의 뒷다리살을 물어뜯다 보았어요
병아리 열두 마리가 봄소풍을 가는 것을…

병아리 열두 마리가 봄소풍을 가는 것을,
그것도 엄마도 없이 봄소풍을 가는 것을,
암탉의 뒷다리살을 물어뜯다… 보았어요

암탉의 뒷다리살을 물어뜯다… 보았어요
병아리 열두 마리가 어느덧 영계 되어
도리탕 국물 속으로 빠져들고 있는 것을…

윤씨농방 안주인

읍내에 신장개업한 윤씨농방 안주인이 엄청 미인이라 소문이 파다하기,

오후에 버스 타고 가 구경하고 왔지요

안주인은 소문보다 훨씬 더 絶景이라, 내일 모레 글피쯤에 다시 갈까 하는데요,

그 누구 같이 갈 사람 요오, 요오, 붙어라

오디

어?

오디구나

붉게

익은 오디

그 옛날

그 마을에도

오디가

익으려나

지금쯤 그 입술에도

붉은 물이

번질 테지

섬

섬이
하나 있다,

콩알보다 조금 작은…

몇몇 살던 이들 낱낱이 다 떠나고 일흔둘 할머니 혼자 살고 있는 작은 섬

집채 만한 파도들이 섬돌을 후려쳐도 그 파도 소리 속에 호롱불 밝혀놓고 슬하에 흑염소 형제 자식처럼 키우는 섬

섬이여 !

서른 해 뒤엔 흑염소 자식들과 집채 만한 파도 속에 호롱불 밝혀놓고 백두 살 할머니 혼자 살고 있을…

작
은섬

그 바람

直腸鏡 검사를 위해 궁둥이에 호스를 꽂고
바람을 불어넣자 풍선처럼 부푸는 배,

사지를 부르르 떨던 추억 속의 개구리 배

千의 궁둥이에 보릿짚을 꽂아놓고,

 후— 불었던 그 바람이 어딜 돌아다니다가 지금에야
난데없이 배 속으로 밀려오네

 아 결국 내가 내 궁둥이에 내 손으로 보릿짚 꽂고 내
입으로 후— 불었군.

瞬間

꽃들은 기겁한다
트럭이
받는 순간,

화분이 박살나며
흙을 왈칵,
토해내고

꽃들은 튕겨 날아가 길바닥에 박힌닷!

사,
살려줘요
비명을 질러봐도

청소부 황보씨의 빗자루는 완강하다

마침내 까무러친 채

수레에
실리는 꽃.

魚隱洞

숲속에 각시붕어가 살고 있는 魚隱洞엔

대문이 하나도 없다, 아득한 예로부터

삐거덕 여닫는 소리, 각시가… 놀랄까 봐

이 마을 사람들은 보리를 베기 전 날

들판에 나가 외친다, 내일 모레 보리 빈데이~

노고지리 번지를 옮길 말미를 주는 거다.

불꽃놀이

哭聲도 살풀이춤도 만장도 다 사라지고,

떨어진 꽃잎만 남아 흐느끼고 있는 밤에

또 누가 시작하는가 저 덧없는 불꽃놀이

2
무심코

관계

내 그대 가슴에다 말뚝을 박는 순간 그대는 내 발목에 자물통을 덜컥 채워,

말뚝에 묶인 자물통 녹이 슬고 있다, 痛哉!

눈

1
하고많은 처마 밑에 하필이면 내 눈썹에

까닭이사 모르지만 먼 절집 쇠종 가에

밤 깊어 나 홀로 마시는 분청 귀얄 찻잔 곁에*

2
그날 이 우주 안에 단 세 송이 내렸지요

첫 송이는 시조 삼장 말씀 위에 내려앉고
그 다음은 말씀 사이 침묵 곁에 내려앉고

나중엔 먼— 침묵 끝의 느낌표에 내렸지요

---

* 박기섭 시인의 「눈」 전문

오, 야호 !

길 건너 수양버들이 전화를 걸고 있다

지금쯤 누구네 집의 전화통이 울고 있을까

오, 야호 ! 내 주머니 속 휴대폰이 운다, 야호 !

무심코

자동판매기의 커피를 뽑아 먹고 일회용 종이컵을 창틀에다 두었더니,

어디서 나타났는가, 저 무수한 실개미 떼

무심코

그 빈 컵을 휴지통에 던졌는데, 사각 모퉁이에 거꾸로 튕겨나와

뫗 소리 신음 소리로 아수라장 되었다.

용천역 폭발 사고, 유영철 연쇄 살인
未曾有, 破天荒의 남아시아 해일 참사…

누굴까? 저 하늘에서 냅다, 종이컵을 던진 이는

病因

참 티 없는 하늘일세

눈물이 날라카는,

참 티 없는 하늘 아래

안과를 찾아 가네

뭐라고? 눈물조차도 순수하지 못하다고?

강가에 나가

사월이 왔다기에 강가에 나갔어요. 그 강의 상류에는 어머니가 계신 강가, 그 집 앞 흐르던 물이 흐르고 있는 강가

살 거야, 살 거야, 하며 민들레꽃 피어나고 봄이 와 있었지요, 온 누리 뾰족뾰족

발 디딜 틈이 없어요,

      이것 참

    큰일이야 !

단추를 주웠어요, 물소리 같은 단추, 조그만 구멍마다 누이가 웃는 단추, 그 봄날 결핵약 같은, 치자향 같은 단추,

번개

　내가 친 電報와 그녀가 친 電報가 각각 상대를 향해 쏜 살같이 날아가다,

　아득한 저 天空에서　　　따악 !　　　맞닥뜨렸죠

바닷물이 넘쳐요

날개를 퍼덕여요. 거미줄에 걸린 나비

천지가 휘청,거리고 바닷물이 넘쳐요

저 다리 긴 거미가 껑충껑충 달려가요

천지가 휘청,거리고 바닷물이 넘쳐요

허공에 목매 익사한 나비의 殘骸 一點

천지가 휘청,거리고 바닷물이 넘쳐요

四月

  타다 남은 부지깽이에도 새싹이 돋는 사월 한약방집 둘째 아들은 두충나무숲으로 가네.

  그것도 초파일날에, 손에 전기톱을 들고…

황소

시월도

삼십일일도

다 저문 저녁답에

시퍼런 파도를 덮친 온 천지간 저녁놀을

황소는 보고 있었다,

저 非夢似夢의

陶醉

그 때, 한 사내가, 말없이, 다가와서, 망치로 정수리를 힘껏 내리쳤다

아아 저 몸부림치는 놀,

우뚝 솟은 네 개의 다리!

시인

알고 보니 시인이란 게 개코도 아니더군

시인 김선굉이 찔레밭에 엎어져서
가시가 온통 박혀 고슴도치 되었는데,
시인 서너 명이 다 달라붙어 봐도
조그만 가시 하나도 뽑아내지 못했다네

아 글쎄, 시인이란 게 바늘 하나만도 못해

화살

적을 관통하고 어디론가 사라졌다 이토록 환한 봄날 느닷없이 날아와서 내 심장 그 붉은 곳에 탁, 꽂히는 나의 화살!

3
기차

落花

　초속 7미터의 突風이 부는 순간, 천지는 狂亂의 꽃밭, 그 꽃밭 붉은 蠱惑, 그것도 시퍼런 하늘, 피가, 뚝, 뚝, 뜯,는 蠱惑!

풍경

어디

산등성이

아기무덤 둘이 있고

그 위에 바람 불고 눈이 빙빙 돌고 있고

그것을

엄마 무덤이

말없이

굽어

보고…

어디

산등성이

아기무덤 둘이 있고

그 위에 비가 오고 새싹이 뾰족 돋고

그것을

엄마 무덤이

말없이

굽어

보고…

밥

 밥을 삼켰어요, 흑, 흑, 우는 밥을, 어깨를, 들먹이며, 흐느껴, 우는 밥을, 내 입엔 들어가지 않으려고, 발버둥을, 치는, 밥을 !

고향길

 내 고향 사투리는 울퉁불퉁 자갈밭길, 럭비공이 어디로 튈 지 알 수 없는 자갈밭길

 문디야, 가시나들아, 누가 자바 뭉나……

아침

靑果商에 靑果들이 가지런히 모여 앉아

잘 익은 햇살 아래 뭐라뭐라 조잘대고

그 중에 紅果도 몇 알 말참견을 하는 아침,

  부리에 양파를 담는 붉은 자루를 물고 시퍼런 하늘 위로 까치가 날아가네

  그녀의 배는 하얗고 대가리는 까맣네

봄날

귀여운 단발머리 처녀란 처녀들은

죄다 하산길에 한쪽 발이 그만 걸려 엄마아~ 비명 치며 내 품에 안길 듯한,

그러나, 단 한 처녀도 비명치지 않는… 봄날

저 꿩에게 먹일 주라

 1
어느 날 청와대 뜰에 꿩이 꿩, 꿩, 날아와서

꿩,
　　　　꿩,
　　　　　　　　꿩,
　　　　　　　　　　　꿩,

　　　　　　　　　　　　　울음을 터뜨렸네

뭐라고? 청와대 뜰에 꿩이 울고 있다고?

 2
어?

꿩이로군

꿩이 꿩, 꿩, 울고 있군

                꿩,

                          꿩,

                                저 꿩에게

먹이를 뿌려 주라

뭐라고? 직무 정지된 대통령이 지시를?

기차

철커덕, 철컥철컥, 기차가 지나가네

초등학교 동창생들 대처로 간 철길 위로

마흔 해 뒤의 기차가 철커덕, 철컥철컥,

철커덕, 철컥철컥, 기차가 지나가네

감꽃이 떨어지는, 주울 이 간 데 없는,

우물도 마른 마을로 철커덕, 철컥철컥,

철커덕, 철컥철컥, 기차가 지나가네

작년에 태어난 아이 단 하나도 없었다는

영양군 청기면으로 철커덕, 철컥철컥,

철커덕, 철컥철컥, 기차가 지나가네

예순 해 해로한 아내 꽃상여에 오르던 날

오늘은 누가 죽었소? 철커덕, 철컥철컥,

그 옛날 고얀 놈이

그 옛날 고얀 놈이 손님들을 청해놓고
낱낱이 미녀 붙여 술을 권케 하고서는,
권해서 마시지 않으면 미녀를 죽였다지

그 때 한 사내가 그 술을 아니 마셔
미녀가 죽었다지, 그것도 둘씩이나.
그래도 안 마셨다지, 사람도 아닌 게지

술을 마시는 일, 미녀를 살리는 일
미녀를 살리는 일, 세상에 신명난 일.
마시자 떡이 되도록… 미녀들을 살리자

아무…… 말도…… 딸까닥.

 선생님…… 오늘, 저녁…… 집에 돌아…… 오는 길에…… 반가운…… 비가 내려, 전화를…… 드렸는데…… 막상, 선생님이…… 전화를…… 받으시니…… 너무도, 당황이…… 되어…… 아무 말도……, …… 딸까닥.

4
성냥개비

어떡해?

 복사꽃 필, 필, 지는 불과한 사월달에, 허리를 다쳤어요. 꽃구경 나온 꽃뱀, 꽃구경 가던 바퀴에 찡겼어요.

어떡해?

訓民歌

1

개 패는 몽둥이처럼 벽에 기대놓지 말고 이왕사 느낄 바엔 울컥 !, 하고 느끼도록 느낌표 찍을 때에는 한 칸 띄워 찍어라 !

2

일부 몰지각한 어처구니없는 분들 아직도 비빔밥을 숟갈로 비비나니,

비빔밥 비빌 때에는 젓갈로다 비비거라

3

이 뼈, 저 뼈가지 여기저기 놓지 말고, 더구나 진물난 걸 그냥 마구 놓지 말고 식탁에 뼈 그릇 하나를 함께 올려놓아라

4
같은 날 같은 때에 어른이 됐다 하여 부부 쌍방간에 말을 탁탁, 놓지 말라

남편을 폐하로 모셔야 아내 중전 안되나

5
니 몸, 니 가지라 함부로 놀릴손가

들키면 큰일나는 눈웃음을 치지 말고,

비집고 들어가거라

몸틈새로,

너거 각시 !

6
 서울 중류층이 갈치를 먹더라도 경상도 사람들은 칼치를 찌져 묵고

 자장면 우예 묵겠노, 짜장면을 묵어라

실종

 얼결에 방아쇠를 힘껏 당겼는데, 정말 뜻밖에도 노루가 폭, 꼬꾸라져 붉고도 따뜻한 피를 한 사발씩 마셨고…

 배가 터지도록 노루 고길 먹은 뒤에 무심코 들여다본 부뚜막 도마 옆엔 피 묻은 노루발 네 개 가지런히 놓였다.

 노란 털이 달린 복사뼈 바로 밑에 굽 높은 뾰족구두를 신고 있는 귀여운 발,

 그 발을 여기다 둔 채, 그녀는 그럼 어디?

축전

김형의 안사람이 세상을 뜬 아침마다
생일을 축하한다는 축전이 날아온다
그 어느 백화점에서 보내오는 축전이다

김형의 안사람이 세상을 뜬 아침마다
생일을 축하한다는 축전이 오는 것은
제삿날 바로 그날이 생일이기 때문이다

안사람이 난데없이 먼 길을 떠났을 때
십년에 가깝도록 축전을 친 백화점에
부고를 하지 못한 것, 그것이 실수였다

부의 봉투를 들고 문상하러 왔을 텐데
부고를 받지 못하여 축전을 치는 거다
그것도 길을 떠난 지 삼년 넘게 말이다

새

새는 머리가 좋아 노래를 할 줄도 알고

새는 머리가 좋아 꿈을 꿀 줄도 알고

거짓말 할 줄도 알죠, 머리가 좋은 새는…

떡치기

떡,
떡,

떡,
떡,

절구로다

떡,
떡.

떡,
떡,

떡,
떡,

공이로다

떡,
떡.

으랏차,
으랏차차차

떡,
떡,

떡,
떡.

　노느니, 염불이라. 심심한 날 오후에는 밥 묵고, 국도 묵고, 찬물도 꿀떡 묵고, 절구에 찰떡을 넣고 공이로다 쳐보려

떡,
떡,

떡,
떡,

절구로다

떡,
떡.

떡,
떡,

떡,
떡,

공이로다

떡,
떡.

으랏차,
으랏차차차

떡,
떡,

떡,
떡.

고요

아아
이 고요 속에

한 비구니
졸고 있고,

그 비구니
눈썹 위엔

잠자리가
졸고 있고,

극락의
녹슨 자물쇠

툭, 떨어져

내리고,

祝祭

형이 저승으로 건너가던 바로 그 날,
나는 병원 건너 국채보상공원에서
맥주를 퍼마셨지요, 귀여운 처녀들과…

귀여운 처녀들과 맥주를 퍼마시고
축제의 불꽃놀이에 미치고 환장해서
탄성을 마구 지를 때 휴대폰이 울었죠

그 순간 불꽃들이 절정을 향해 터져,
이 세상 불티란 불티 낱낱이 환칠하는
축제의 꽃밭이었죠, 목백일홍 붉은

꽃
ㄴ
ㅂ ㅊ
ㅏ
ㅌ

성냥개비

출정을 눈앞에 두고 쉬고 있는 병사처럼

조그만 성냥갑 속에 가지런히 누워있는

귀여운 성냥개비를 밤새도록… 바라본다.

그 가운덴 이마 맞댄 쌍둥이도 누워 있다.

대가리를 탁. 때리면 곱빼기로 타올라서

이 세상 한 모퉁이를 눈부시게 밝혀놓을,

이 세상 한 모퉁이를 눈부시게 밝혀놓고,

外敵의 칼날을 맞아 고름이 된 白血球처럼

뜨겁게 戰死할 날을 기다리는… 성냥개비.

나도 다음 생엔 성냥개비가 되야겠다.

이왕이면 그녀와 맞댄 쌍둥이로 태어나서

匣 속에 나란히 누워 출정을 기다리는…,

어처구니*

온통

난장판인

어처구니 없는 세상,

제일로 그 중에도 어처구니 없는 것은

知天命, 이 나이토록

어처구닐 모른

그 일.

---

* 어처구니; 맷돌을 돌리는 손잡이. 손잡이가 없으면 맷돌을 돌릴 수가 없으므로 어처구니 없는 사태가 발생함. 나는 이 말을 나이 오십에 경북 청도에 있는 이호우, 이영도 오누이 시인의 생가에 놓여 있는 맷돌 앞에서, 서정춘 선생에게 처음으로 배웠는데, 정말 어처구니가 없었음.

돌이 하나 들어가서

구두 뒷굽 속에 돌이 하나 들어가서

딸그락, 딸깍대며 땅끝까지 따라왔죠

경상도 돌멩이 하나 전라도 돌 되었죠

나무 밑에 자다가 깨어

나무 밑에 자다가 깨어 우연히 보았어요.

청개구리 한 마리가 흰 배를 팔딱이며 거대한 전나무 위로 올라가고 있는 것을,

눈에 뵈지도 않는 밧줄을 걸어놓고 자벌레 한 마리가 허공에서 내려와서 저는요, 나뭇가지예요, 시치미를 떼는 것을,

때마침 근처에 있던 개미 새끼 몇 마리가 이게 웬 떡이냐며 한꺼번에 달려들어 젖가슴 사타구니를 마구 물어뜯는 것을,

난데없는 홍두깨에 깜짝 놀란 그 벌레가 온 우주가 들썩대는 업어치기 한판으로 그 무슨 큰 해일처럼 몸부림을 치는 것을,

그 통에 한 마리는 허리가 꺾어지고 또 다른 한 마리는 즉석에서 압사하고 나머진 간이 콩알만해져서 달아나고 있는 것을,

 아까 그 청개구리가 어느새 내려와서 오호라 애재라 울며 바라보고 있는 것을,

 어느 날 자다가 깨어 우연히 보았어요

침이 꼴깍, 넘어감

말똥구리

한 마리가

말똥구슬

굴리면서

언덕길 오르다가

발랑
나자빠짐

오오 저 거룩한 노동,

침이 꼴깍,
넘어감

5
수정사 쇠북소리

사람 살리기

제발 좀 주게 도고, 주게 도고, 주게 도오~

하지만 난
죽이지 않고

살린다,

醒, 龤, 같, 이

絶叫가 새지 않도록 산소호흡기를 꼭꼭 눌러덮어…

傷處

잘 익은
모과 하나

투닥,
닥

떨어진다

세상의
한 모퉁이가

아프도록
금이 가고

三千의
大千世界가

시퍼렇게
멍든다

수정사 쇠북소리

 수정사 큰 쇠북을 백여덟 번 칠 때까지 쇠북소린 골 안에 모여 풍선처럼 부풀다가 쇠북을 다 친 뒤에야 하산을 시작한다

 하도나 좁은 골을 한꺼번엔 못 내려가 수정 같이 둥근 소리 길다랗게 휘어지며 간신히 몸을 비틀어 세상으로 내려가다, 龍門亭 木百日紅 그 붉은 꽃에 취해 불콰해진 쇠북 소리 꽃가지를 흔들다가 저녁해 서산에 질 때 塔마을에 닿는다.

 塔마을 오일장을 두어 바퀴 둘러보고 퇴근하는 동산약국 김씨의 귀를 감는,

 수정사 먼 쇠북소리, 오늘 새벽 쇠북소리

실종

　채소들과 함께 통째로 뿌리뽑혀 트렁크에 실린 채로 천리길을 달려와서 얼결에 엘리베이터 타고 십칠층에 오른 그녀,

　뿔마다 하나씩의 조그만 왕국을 이고 여기가 어딘가 하고 고개를 돌리면서 작은 눈 휘둥그레 뜨고 우왕좌왕하던 그녀,

　꽁무니로 마루 바닥을 축축하게 적시면서 보드라운 모가지에 제 그림자 매단 채로 베란다 풀잎을 향해 집을 업고 가던 그녀,

　그녀가 사라졌다. 빈집만 남겨놓고. 빈집만 남겨놓고 그녀는 어디 갔나

　떠나고 남은 빈집엔 개미들만 소복하다.

고요

마른
하늘에

홀연

잉어가
튀어올라

벼락불 천둥소릴 주둥이에 냅다 물고

다시금
못물에

첨벙!

뛰어내린
뒤의

고요

편지

아무도 아니 오고 니만 오길 바랐건만

낱낱이 다 왔는데 니만 오지 않았구나

그러나 니가 안 와도 안 섭섭다 흑, 흑,

오, 저런 !

돌연

顚覆했다.

전봇대를 들이받고

대구 시내 추어탕집 미꾸라지 배달차가,

시장통 전봇대 받고

顚覆했다,

오, 저런 !

이런 봄날, 수양버들

봄날도 이런 봄날 머리칼을 새로 빗고
너울, 너울너울, 너울너울 너울대는
그녀를 보면 괜시리, 마음이 이상해져.
만약 그렇게 해도 죄가 되지 않는다면
살며시 뒤로 다가가 눈을 가려 보고 싶어
아니야, 앞으로 다가가 머리를 묻고 싶어.
설령 그렇게 하면, 죄가 된다 할지라도
살며시 뒤로 다가가 누구게? 묻고 싶어
아니야, 앞으로 다가가 와알칵 안고 싶어

죄라도 좀 지어볼까

엄청

심심한 날

무지개 뜬 저녁답엔

수리못 도라지밭에 팽팽하게 부풀어 오른,

새하얀 꽃봉오리를

몰래 가서

만져

볼까

탱자나무 울타리 옆 더 더욱 더 탱탱 부푼,

꾸의……

봉오리 중에

보라빛 꽃도 골라,

하 · 나 · 씩, 톡, 톡, 터, 뜨, 려,

죄라도 좀

지어

볼까

황소

돌연

고개를 비틀고

황소가 울부짖는다.

充血된 두 눈동자 타는 놀에 뿔을 달궈 불꽃이 파ㄱ—
튀기도록

싸우고 있던

황소.

손

신문 투입구로 살그머니 들어오는 붉은 손톱이 달린 희고도 차가운 손,

잡으면 기겁하겠지, 야쿠르트 아줌마 !

봄날도 환한 봄날

　봄날도 환한 봄날 자벌레 한 마리가 浩然亭 대청마루를 자질하다 돌아온다

　그런데, 왜 돌아오나

　아마 다시 재나보다

| 시인의 산문 |

나무와 고기

1

 내 아이들이 아직도 어렸을 때, 나는 거실에다 거실의 크기와는 어울리지 않는 제법 거대한 어항을 사다놓고 수십 마리의 물고기들을 기른 적이 있었다. 어항 속에 기를 물고기를 고를 때, 나는 수족관에 있는 다양한 물고기들 가운데서 이렇다할 망설임도 없이 '수마트라'라는 열대어 새끼들을 선택했다.

 수마트라 새끼는 우선 그 체구가 하늘에 갓 돋아난 초승달보다도 훨씬 더 작을 정도여서 '작은 것이 아름답다'는 미학의 명제에 매우 잘 부합하는 물고기다. 그녀의 가슴에 달려있는 귀여운 지느러미는 좌우 동형의 새빨간 나비넥타이를 이루고 있을 뿐만 아니라 점점 자랄수록 주둥이에도 순도 100%의 아주 새빨간 루즈를 바르고, 등지느러미와 꼬리 부분에도 순창에서 생산되는 새빨간 고추장으로 곱게 화장을 하기 시작한다.

 더구나 시간이 지날수록 붉은 기운이 점점 더 짙어지는 그녀의 몸통에도 순도 100%의 새까만 줄무늬가, 그것도 네 번이나 참으로 힘차게 세로 선을 내리긋고 있어서 전체적인 색채가 대단히 강렬하다. 짜장 날렵한 몸맵시에 걸맞게 그 동작도 유달리 민첩하여 앞을 향하여 역동적으로 헤엄을 치다가도 즉석에서 몸을 휙, 돌리는가 하면, 마음만 먹으면 등과 배의 상하 방향을 일순간에 냅다 뒤집기도 한다. 특히 이리저리 떼를 지어 수초 언저리를 유유하고도 자유자재하게 헤엄치고 있는 모습은 환상적이고도 고혹적이라고 말하지 않을 수가 없을 정도다.

그러므로 오랜 세월 동안 축적된 비만으로 동작이 느려터진 나 같은 사람이, 귀여워도 정말 깜찍하게 귀여운 이 이국적인 물고기와 반짝, 눈을 마주치는 순간 첫눈에 반하고 말았던 것은 너무나도 당연한 일이었다. 나는 실제로 한동안 이 물고기에 완전히 눈이 멀었으며, 급기야는 기기묘묘하게 서커스를 부리는 수마트라를 바라보는 재미가 퇴근시간을 앞당기게 할 정도에 이르렀다.

2

나보다는 나이가 여러 살 적지만 가까운 친구처럼 생각되는, 하지만 언제나 나에게 '선생님'이라고 깍듯이 부르고, 그럼에도 불구하고 경우에 따라서는 예리한 비판의 칼날을 마구 휘둘러서 사람의 등골을 오싹하게 하기도 하는 멋있는 후배가 하나 있었다. 그가 어느 날 밤 우연히 우리 집을 방문했다. 나는 그에게 순도 100%의 붉은 빛과 검은 빛을 온몸에다 칠한 채 눈이 부시도록 발랄하게 뛰노는 수마트라를 가리켰다.

"수마트라라는 열대어야. 나는 요즘 이 물고기를 바라보는 재미로 산다고 해도 과언이 아닐세. 이 물고기가 나의 퇴근시간을 앞당겨 놓았을 정도이니까……."

나는 상대가 가지지 못한 것을 가지고 있는 데서 오는 뿌듯함이 담겨있는 어투로 말했다. 그러나 한동안 수마트라를 물끄러미 바라보고 있던 그의 입에서는 정말 놀랍게도 예상치도 못한 말이 울퉁불퉁 튀어나왔다.

"아름답게 보면, 아름답다고 말을 할 수도 있기는 하겠네요. 하지만 선생님, 진솔하게 말씀드려서 이 물고기의 아름다움은 우아하고 고귀한 아름다움이 아니라, 어딘지 모르게 좀 천박하고 유치찬란한 아름다움이라는 느낌을 아무래도 지우기가 어렵군요."

내가 절절하게 사랑하는 것을 모욕하는 것은 나를 모욕하는 것이나 조금도 다를 바가 없는 법이다. 나는 그 후배가 하는 예상 밖의 말에 얼굴이 화끈, 달아오르면서 갑자기 수치심과 모욕감이 확, 밀려왔다. 그렇거나 말거나 그 다음 순간 그의 입에서는 더욱 더 심한 말이 튀어나왔다.

"붉은 빛깔도 천차만별이지요. 바야흐로 먼동이 터오는 순간의 아침 하늘빛처럼 사람의 마음을 환희로 뜀박질

치게 만드는 그야말로 환한 빛깔도 있지만, 늙은 작부의 입술에 처발라진 루즈같이 처량하기 짝이 없는 빛깔도 있습니다. 이 물고기의 경우는 물론 '아침 하늘빛'에 가깝지만 '처발라진 루즈빛'도 좀 섞여있는 것이 사실이지 않습니까? 검은 빛깔도 천차만별이지요. 별이 찬란하게 빛나도록 그 바탕이 되어주는 깜깜한 밤하늘 빛도 있지만, 비 내리는 장례식 날 축축하게 젖은 謹弔 花環에 처량하게 매달린 리본의 검은 테두리 같은 빛도 있습니다. 이 물고기의 경우는 물론 '밤하늘빛'에 가깝지만 '검은 테두리'와 같은 분위기도 조금 섞여있지 않습니까? 게다가 야단스러울 뿐만 아니라 고삐 풀린 망아지처럼 남의 보리밭을 마구 짓밟으며 제멋대로 까불고……"

그 무슨 웅변처럼 터져나오는 그의 발언에 나는 그만 몸과 마음이 멍해져 오기 시작했다. 그러나 그러한 가운데서도 그의 말에 어떤 진실이 담겨있다는 느낌을 아무래도 부정할 도리가 없었다. 이런 기미를 읽었는지 그가 돌연하게 제안을 해왔다.

"선생님. 수마트라 대신 각시붕어를 키워보세요."

"각시붕어라니, 각시붕어가 뭔데?"

"우리나라 시내와 연못에서 지금도 살고 있는 토종 민물고깁니다."

"연못에 살고 있어? 연못에 살고 있는 우리나라 민물

고기 가운데서 수마트라보다도 더 아름다운 물고기가 있다는 거야, 지금?"

내가 이렇게 의구심을 나타내자, 그의 어투는 자갈밭에 떨어진 럭비공처럼 더욱더 울퉁불퉁 튀어올랐다.

"왜요? 우리나라 민물고기가 수마트라보다 더 아름다우면 안 된다는 법이라도 있습니까? 우주의 중심이 바로 여긴데도 다른 곳에서 그 중심을 찾고, 우리 집 꽃이 아름다운데도 남의 집 뒤란을 기웃대고 싶으세요.."

나는 그만 울화통이 터져 소리를 질렀다.

"그래, 각시붕어가 수마트라보다 더 예쁘다는 거야, 도대체 뭐야?"

나의 이와 같은 역정에도 불구하고 그의 어조는 더욱더 완강하고 단호하였다.

"물론입니다. 엄밀하게 말해서 그 어떤 경우에도 다른 사물과의 비교는 성격에 대한 비교일 뿐 우열에 대한 비교가 아니므로 사람마다 얼마든지 느낌이 다를 수는 있습니다. 그러나 우열의 차이가 너무 심하면 성격의 차이도 무색한 법인데, 이 경우가 바로 그런 경웁니다. 만약 믿어지지 않으시면 이 어항에다 각시붕어와 수마트라를 함께 넣어놓고 한 달만 서로 비교해 보시죠."

아직 화가 다 풀리지 않은데다, 후배가 하는 말이 아무래도 좀 석연치 못하다고 생각한 나는, 그토록 아름다운 각시붕어를 도대체 어디 가서 구하겠느냐며, 넌지시 거부의 뜻을 비쳤다. 그랬더니 후배는 마침 자기 집 어항에 수많은 각시붕어들을 키우고 있는데 필요한 만큼 분양해 주겠다고 응수를 했고, 내가 마음을 정하지도 않았는데, 그는 바로 그날 밤에 각시붕어들을 즉각적으로 수송하여 내 어항 속에다 풍당풍당 집어넣어 버렸다.

3

삼사십 마리의 수마트라와 삼사십 마리의 각시붕어가 같은 어항에 동거하게 되면서, 고기들의 밀도가 갑자기 엄청나게 높아졌다. 게다가 서울 중류층 사람들은 '동사리'라 부르는 모양이지만, 내 고향 사람들은 '뿌구리'라 부르는 물고기 두 마리가 각시붕어들과 함께 수송되어 어항 속 돌 밑에다 살림을 차렸다. 그들은 인상이 다소 험악하고 성격이 울퉁불퉁한 '일진회' 회원들이었으므로, 누가 선출을 하기도 전에 자기들 스스로 군기반장에 취임하였다. 이렇게 하여 갑자기 식구 수가 줄잡아 두 배로 늘어나면서, 대략 일흔도 넘는 물고기 떼들이 같은 밥솥에다 강낭콩이 섞인 쌀밥을 해 먹으며 한 지붕 세 가족의 새로운 생활을 하게 되었다.

어항 속에 있는 물고기의 분포가 갑자기 크게 변하기는 했지만, 그러나 그럼에도 불구하고 사람의 시선을 잡아당기는 것은 여전히 수마트라들이었다. 일진회 회원들은 언제나 시큰둥한 모습으로 검은 돌 밑에 꿈쩍도 않고 엎드려 지내고 있었으므로 그 존재 자체가 눈에 띄는 일이 거의 없어 비교가 될 기회조차도 별로 없었고, 각시붕어도 수마트라와 직접 비교가 되기에는 아무래도 여러모로 역부족이었다.

물론 그렇다고 하여 각시붕어가 아름답지 않다는 것은 아니다. 하지만 전체적으로 부드럽고 은은한 빛깔을 띠고 있는 각시붕어에 비해 수마트라는 색깔 자체가 대단히 강렬하고 매혹적이다 못해 고혹적이었다. 그러므로 무심코 바라보면 어항 속에는 수마트라의 현란한 빛깔과 날렵한 동작이 그 무슨 강렬한 액센트처럼 번쩍번쩍 광채를 발할 뿐이었다. '도대체 각시붕어들은 다 어디 간거야?' 하고 유심히 들여다보면, 그제서야 각시붕어들이 보조개에 얇은 홍조를 띄우면서 '저 여기 있어요', '저도 여기 있는데요' 하고, 수줍게 손을 들며 하나씩 둘씩 나타났던 것이다.

그러나 점점 시간이 지나가면서 각시붕어의 은은한 아름다움이 서서히 드러나기 시작했다. 그녀의 아름다움은 호들갑을 떨어야 속이 시원한 그런 종류의 것이 아니라 격조와 품위에다 기품까지 갖춘 것이었으며, 그 이름에 걸맞게 이제 막 시집을 온 각시처럼 행동조차도 곱고 어여뻤다. 더구나 지느러미와 꼬리의 붉은 빛과 몸통의 뒷부분에서 꼬리까지 이어진 포르스름한 줄은 앳된 처녀의 관자놀이 위에 바르르 떨며 나타나는 파르란 정맥처럼 아름다웠다. 특히 산란기가 되면 오히려 수컷의 몸통 부분에서 무지갯빛 혼인색이 아주 은은하게 나타나는데, 이 무렵의 고즈넉한 아름다움은 말로 표현하기 어려울 정도였다. 요컨대 수마트라의 요염하고도 현란한 빛깔이 피부에다 물감을 더께더께 덧칠을 한 것이라면, 각시붕어의 그것은 몸속의 어떤 충만함이 밖으로 얼비쳐서 피부를 뚫고 나오는 빛이었다. 덕망이 가슴 속에 가득 차서 아무리 숨기려고 발버둥을 쳐도 살갗 위로 번져나오는, 書卷氣와 文字香이 은은하게 깔려있는 빛깔 말이다.

후배가 말한 대로 한 달이 지나가자 나의 마음은 각시붕어 쪽으로 완전히 기울었다. 밥을 먹다가도, 신문을 보다가도, 아내와 담소를 나누다가도 시선이 자꾸만 그녀를 향하여 달려가는 것을 도무지 어찌할 수가 없었으며, 그와 동시에 수마트라의 야단스러움이 어지럽게 느껴지기 시작했다. 접때 그 후배가 '찬란'이란 아름다운 말 앞에다 '유치'라는 관형사를 붙인 이유를 대강 알만하게 되었을 때, 나는 수마트라 몰래 그들을 수족관에다 양도할까 말까를 망설이기 시작했다. 때마침 이웃에 사는 수은이 엄마가 우리 집에 놀러 왔다가 수마트라에 넋을 잃고 있는 것을 보고, 나는 얼른 수마트라를 죄다 잡아내어 수은이네 어항 속에 넣어주고는, 속으로 快哉라 만세를 불렀다.

4

쾌재라 만세를 불렀다고 표현을 하기는 했지만, 수마트라가 사라지자 어항 속에는 어떤 허전함이 감돌기 시작했다. 게다가 언제부턴가 남아 있는 각시붕어마저도 그 수가 자꾸 줄어드는 느낌이 들더니, 어느 날 문득 보니 어항 전체가 텅 빈 것처럼 그 수가 크게 줄어들어 있었다. 만약 각시가 죽어서 그렇다면 그 시신이라도 당연히 물위에 둥둥 떠야하는데, 물위에 떠있는 시신을 본 적은 단 한번도 없었다. 요컨대 줄어든 것은 분명한데 그 원인은 도무지 알 수가 없었으며, 그 원인을 알 수 없는 가운데도 붕어는 자꾸만 줄어들었다.

그러던 어느 날 저녁이었다. 모처럼 가족들과 함께 삼겹살을 구워먹고 전봇대로 이를 쑤시면서 무심코 어항 속을 쳐다보고 있는데, 어항 속에 놓여 있는 검은 돌 뒤에 잠수함처럼 잠복하고 있던 뿌구리 한 마리가 갑자기 혼신의 힘을 다해 솟구쳐 오르더니, 그 거대하고도 무시무시한 아가리를 왈칵, 벌렸다. 그 다음 순간 군기반장의 날카로운 이빨들이 무심히 헤엄치며 지나가고 있는 귀여운 각시붕어를 그 머리부터 통째로 삼켰고, 밖으로 삐져나온 그녀의 꼬리가 서너 번 좌우로 처연하게 몸부림쳤다. 그러나 일진회 회원이 그 무지막지한 아가리를 몇 번 더 왈칵 벌리자 순식간에 각시붕어는 흔적도 없이 사라져버렸고, 어항 속에는 아무런 일도 없었다는 듯이 지극한 평화가 다시 너울거렸다.

항구적인 평화와 시원적인 조화가 공존해야 할 어항 속의 세계를 공포로 몰아넣고 시치미를 떼고 있는 뿌구리를 내 눈으로 직접 보는 순간, 우리 사회의 도처에 깔려 있는 일진회 회원들에 대한 불같은 증오가 치밀어왔다. 그러므로 나는 이 나쁜 녀석들을 사회로부터 잠시 격리시키기로 결심하고, 두 놈을 모두 체포하여 화장실의 양변기 속에다 집어넣었다. 내일 아침에 봐서 후회하고 반성하는 기미가 역력하다면, 다시 어항 속에 넣어주어 과거사를 두고두고 참회토록 하고, 만약 그렇지 않다면 정말 피눈물이 쏟아지도록 엄중 문책할 생각이었다.

그 다음날 아침에 살펴보았더니 일진회 회원들은 전혀 반성하는 기미도 없이 이리저리 어슬렁거리면서 양변기 속에서 유유자적 잘만 놀고 있었다. 도대체 우리에게 무슨 잘못이 있기에 이렇게 위리안치시키느냐고, 볼멘 목소리로 항의라도 하는 듯한 표정이 역력했다. 화가 치밀 대로 치밀어오른 나는 양변기의 스위치를 힘껏 누르면서 처연한 마음으로 중얼거렸다.

"일진회 회원들아, 군기반장이여! 쏴아— 회돌이를 치면서 내달리는 이 시원한 물줄기를 따라서, 가거라 네 고향 낙동강으로."

5

어항 속의 세계를 기겁과 경악과 공포로 몰아넣었던 일진회 회원들이 사라지자 어항 속에는 진정한 의미에서 절대적인 평화가 왔다. 각시붕어들이 더 이상 두려움에 떨 필요도 없이 자신의 삶을 마음껏 향유할 수 있게 되었음은 말할 것도 없는 사실이다.

그러나 이와 같은 절대적인 평화와 함께 어항 속에 또 다른 변화의 조짐이 서서히 나타났다. 참으로 기이하게도 각시붕어들의 운동량이 뚜렷하게 줄어들면서 동작이 현저하게 느려지기 시작했던 것이다. 아침마다 먹이를 주면 생기발발하게 뛰어올라 서로 뒤질새라 채어가던 놈들이 먹이 앞에서도 시큰둥한 표정을 지으면서 '날 잡아 먹어라'며 고문관 흉내를 내기 시작했다. 한마디로 만사가 모두 다 귀찮은 모양이었다.

처음에는 봄을 타는가 보다 했는데, 여름이 와도 이와 같은 현상은 점점 더 심화되어 가기만 했다. 혹시 붕어들이 집단적으로 시름시름 병을 앓고 있는 것은 아닐까, 하는 걱정이 고무풍선처럼 부풀어 올랐다. 물고기를 다루는 병원은 아직 없을 터이므로 어디 가서 알아봐야 하나, 하고 조바심만 내면서 시간을 보내던 어느 날에, 나는 미꾸라지 양식을 소재로 한 어느 수필가의 산문 한 토막을 읽게 되었다.

그에 의하면 미꾸라지를 잡아먹고 사는 강력한 천적은 뱀장어다. 그럼에도 불구하고 미꾸라지를 양식하는 사람은 양식장에다 미꾸라지와 함께 뱀장어를 넣어준다. 상식적으로 생각하면 뱀장어가 미꾸라지를 닥치는 대로 잡아먹을 터이므로 도저히 납득할 수 없는 생뚱한 처사가 아닐 수 없다. 그러나 도저히 납득할 수 없는 바로 그 곳에 이 우주 속에서 살아가는 생명체들의 오묘한 비밀이 숨어 있다.

미꾸라지 양식장에 뱀장어를 잡아넣으면 물론 뱀장어가 미꾸라지를 닥치는 대로 잡아먹는다. 그러나 그 대신 생명이 언제나 적에게 노출되어 있으므로 미꾸라지들은 절대로 긴장을 풀 수가 없고, 약육강식의 투쟁 속에서 살아남기 위하여 언제나 역동적으로 움직이지 않을 도리가 없다. 따라서 뱀장어와 함께 자란 미꾸라지는 더욱 더 건강하고 근육질로 단련되어 있으므로 추어탕을 끓여도 맛이 있고, 그 만큼 비싼 값을 받을 수가 있다.

이런 내용의 수필을 읽는 순간 번개처럼 스쳐 떠오르

는 생각에, '아하! 그렇구나' 무릎을 쳤다. 짜장 너무나 억울하게도 고향으로 돌아가다 급류에 휘말려 사망했을 뿌구리에게 진심에서 우러나는 애도를 표한 뒤, 후배에게 전화를 걸어 뿌구리 두 마리를 다시 분양받았다. 새로 부임한 군기반장이 군기를 잡기 시작하자 어항은 조금씩 더 싱싱하고 건강한 세계로 뒤바뀌더니, 달포쯤 지난 뒤엔 아연 활기를 되찾았다. '자연의 도전에 대한 인간의 응전이 바로 인간 사회의 문명과 역사를 발전시키는 원천적 바탕이 된다'는 아놀드 토인비의 역사 이론은 어항 속에 살고 있는 물고기의 세계에도 적용되는 생존의 논리이자 역사 발전의 법칙이었던 것이다.

6

1991년 3월 17일!

불과 사흘 전에 구미에서 방류한 페놀이 낙동강 하류 지역을 광범위하게 오염시킴으로서 실로 엄청난 사회적 파장을 일으켰던 날이다. 그 날은 마침 일요일이었고, 특별히 바쁜 일도 없었으므로 나는 얼마 전부터 벼르기만 하고 실행에 옮기지 못하고 있었던 어항의 물갈이를 시작하였다. 그런데 물갈이를 끝내고 주변 청소를 하다가 쳐다보니 거의 대부분의 각시붕어들이 그 작은 주둥이들을 수면에다 박은 채 부글부글 거품을 내뿜고 있었다. 다 알 다시피 물고기의 건강에 치명적인 적신호가 켜질 때 나타나는 현상이다. 나는 물갈이를 하는 과정에서 그 무슨 큰 실수가 있었다고 판단하고 서둘러 물갈이를 다시 하였다.

그러나 바로 그 순간부터 5분이나 10분, 혹은 30분 간격으로 각시붕어들이 한 마리씩 한 마리씩 흰 배를 부옇게 드러낸 채로 물 위에 둥둥 떠오르기 시작했다. 각시붕어 뿐만 아니라 왕성한 식욕과 체력을 자랑하는 일진회 회원들도 마침내 아가리를 비스듬히 벌린 채 수면 위로 둥둥 떠올랐다. 급기야 그날 저녁이 되었을 때, 어항 속의 무수한 식구들 가운데 단 한 마리의 각시붕어를 제외하고는 모두 유명을 달리하였다.

나는 이 엄청난 사태 앞에서 당황하고 경악하면서도 그들의 시신을 가장 아름답게 장례 치를 방법을 골똘히 생각했다. 집안 식구들이 모두 사랑했던 각시붕어를, 그들이 죽었다는 이유만으로 차마 쓰레기통에 버릴 수는 없는 일이었고, 그렇게 하는 것은 자라나는 아이들의 정서교육에도 결코 좋지 않을 것 같았다.

이 궁리 저 궁리를 하고 있는데, 대학 시절에 읽었던 국어학자 서정범 선생의 「나비 이야기」라는 수필 한 대목이 불현듯 떠올랐다. 어항 속에 있는 열대어들이 뜻밖의 사태로 갑자기 유명을 달리 했는데, 물고기의 죽음 앞에서 슬픔에 젖어 있는 어린 딸을 위하여 죽은 물고기가 나비가 되어 돌아온다면서 그녀들을 색종이에 싸서 화단에다 묻어준 이야기인데, 상황 자체가 너무나도 흡사하였으므로 나는 선생의 수필을 슬쩍 본뜨기로 마음먹었다.

그 날 아이들과 우리 부부는 모두 스물다섯 번의 장례를 치렀다. 눈을 부릅뜬 채 유명을 달리한 각시붕어들을 붉고 푸른 색색의 색종이에 곱게 싸서 베란다의 화분 언저리에다 한 마리씩 한 마리씩 묻어나갔다. 끝까지 살아남은 단 한 마리의 각시붕어는 더 살까 말까를 망설이면서 우리들이 하는 일을 오래도록 지켜보고 있더니, '도대체 이게 뭐예요? 정말 이래도 되는 거예요?' 하며, 꼬리를 휙, 틀고 외면하면서도 친구들과 함께 죽지 못하여 미안하다는 표정을 지었다. 그날 저녁 어항 속에서는 홀로 남은 각시붕어 눈물 흘리며 우는 소리가 가없이 홀쩍홀쩍 떠올랐다.

그날 밤 늦게 장례식을 마치고 우리가 떡국을 먹고 있을 때 어디 아주 가까운 곳에서 먼 먼 뻐꾸기의 울음이 들렸다. 이제 막 이가 돋은 막내 아이는 나뭇잎 같은 작은 손바닥을 폈다, 오므렸다, 반복하면서 뻐꾸기의 울음 소릴 흉내 내었다.

"떡꾹, 떡꾹, 떡꾹, 떡꾹!"

마침 떡국을 먹고 있어 그랬던가? 아이는 아예 뻐꾸기의 이름조차도 '떠꾸기'로 바꾸어서 이렇게 말했다.

"아빠, 떠꾸기가 떡국 좀 달래, 아빠, 떠꾸기께 떡국 좀 주자요."

그러나 그 순간에 떠꾸기는 스르르 문을 닫고 벽시계 속 둥지로 사라졌다. 떡국을 다 먹은 큰 아이는 나무젓가락으로 십자가를 만들어 각시붕어들의 공동묘지 위에다 꽃아 주고 나서, "내년 3월에 제사 지내줄게"하며, 뭐라고 혼잣말로 중얼거리더니 제풀에 넘어져 잠이 들었다. 그러나 그날 밤 밤이 새도록 어디 아주 가까운 곳에서 부옇게 목 쉰 떠꾸기의 울음소리 멀리 멀리까지 울려 퍼졌다.

7

그 해 3월 말에 살아 남아있던 단 한 마리의 각시붕어도 마침내 눈을 부릅뜬 채 친구들 옆에 고이 묻혔다. 5월이 되어 온 누리에 봄이 돌아왔을 때, 그 동안 큰 일이 너무 많이 터져서 가시붕어의 장례식 따위는 아주 가맣게 잊혀져버렸다. 그렇거나 말거나 비실비실거리던 베란다 화분 속 작은 꽃나무는 돌연 가지마다 무성한 잎새가 돋아나더니, 어느 날 문득 유난히도 붉은 한 송이의 꽃을 울컥! 피웠다.

그러던 어느 날 나는 친구들과 함께 청도군 이서면 대전리에 있는 장엄하기 짝이 없는 은행나무를 참배하러 갔다. 높이가 무려 30미터에 육박하고 가슴둘레가 9.5미터나 되는 참으로 거대한 나무였다. 그러나 나무의 크기보다 더 놀라운 것은 이 나무의 나이에 대한 학자들의 견해차가 무려 900살에 이른다는 점이다. 요컨대 이 나무의 나이에 대해서는 400살 정도라고 주장하는 학자도 있었고 1300살이라고 주장하는 학자도 있었는데, 최첨단 전자파로 측정한 결과 나무의 나이가 1300살 이상으로 판명됨으로써 400살을 주장하던 학자들이 모두 합죽이가 되었다는 것이다. 만약 그렇다면 이 나무는 태조 왕건이 고려왕조를 세웠을 때 이미 200살이 되어 있었으며, 태조 이성계가 조선왕조를 세웠을 때는 이미 700살이나 되었다는 결론이 나온다.

하지만 이와 같은 나무의 나이보다도 더욱더 흥미가 있었던 것은 이 나무에 얽힌 오래된 전설 한 토막이다. 이 지역에 전해오고 있는 구비전승에 의하면 이 은행나무가 위치한 자리에는 원래 우물이 있었다고 한다. 어느 해 여름, 삼복더위 속에 길을 걸어가던 아름다운 처녀(혹은 수도하는 승려)가 목이 말라서 성급하게 물을 마시려고 하다가 그만 실수로 우물에 빠져 익사하는 사건이 일어났다. 그런데 바로 그 처녀의 호주머니에 은행 알 하나가 들어 있었다. 얼마 후 처녀의 호주머니에서는 좌우 동형의 나비넥타이를 닮은 노오란 떡잎 두 개가 바르르 몸을 떨며 돋아나서 처녀의 육신에다 뿌리를 박았다. 그 어린 떡잎은 처녀의 靈肉을 흡수하고 우물물을 마음껏 마시면서 세월과 함께 성장에 성장을 거듭하여 거룩하고 우람한 거목이 되었다. 말하자면 이 은행나무의 전생은 아름다운 처녀였고, 이 은행나무는 아름다운 처녀의 후생에 해당된다는 것이다.

대전리 은행나무에 얽혀있는 이와 같은 전설을 듣는 순간 나는 불현듯이 지난 겨울에 있었던 스물다섯 번의 장례식을 떠올렸다. 분갈이를 한 적도, 거름을 준 적도 없음에도 불구하고 화분의 꽃나무가 유달리도 무성할 수 있었던 까닭도 그제서야 비로소 짐작을 할 수 있게 되었다. 화분에 고이 묻힌 물고기의 육신과 그 속에 들어 있던 아름다운 마음들이 꽃나무에 의하여 완벽하게 흡수되어 버림으로써 그들은 이제 꽃나무가 되어버렸던 것이다.

그날로부터 내 눈에는 나무의 수액을 따라서 귀여운 각시붕어들이 유유히 헤엄치며 오르락내리락하는 모습이 또렷이 보이기 시작했다. 나무의 무수한 잎새들마다 홍조를 띠며 수줍게 손을 들던 귀여운 얼굴들이 은은히 얼비쳐서 나타났다. 옛날 우리 집 거실의 어항 속에 살고 있던 물고기들이 이제 베란다의 꽃나무 속에서 유유하게 헤엄치고 있는 것이다.

이종문

1955년 경북 영천에서 태어나서
1993년 「경향신문」신춘문예 당선으로 문단에 나왔으며,
시조집 『저녁밥 찾는 소리』를 간행한 바 있다.
한문학자이기도 한 그는 주로 고려 시대 한문학과
관련된 적지 않은 글들을 집필한 바 있으며,
현재 계명대학교 사범대학 한문교육과에 재직 중이다.

봄날도 환한 봄날

초판 인쇄 / 2005년 5월 15일
초판 발행 / 2005년 5월 20일

지은이 / 이 종 문
펴낸이 / 박 진 환

펴낸곳 / 만인사
등록번호 / 1996년 4월 20일 제03-01-306호
주소 / 대구광역시 중구 봉산동 235-11
전화 / (053)422-0550
팩시밀리 / (053)426-9543
E-mail:maninsa@hanmail.net

ISBN 89-88915-57-7 03810
※저자와의 협의에 의해 인지는 생략합니다.

값 6,000원